Zum 75. Geburtstag
2013
von Idi Hackl

Die goldenen Worte der Welt

Die goldenen Worte der Welt

Herausgegeben von Jonathan Byron

THIELE VERLAG

Oft und viel zu lachen;
den Respekt intelligenter Menschen
und die Zuneigung von Kindern zu gewinnen;
sich die Anerkennung ehrlicher Kritiker zu verdienen
und den Verrat falscher Freunde zu ertragen;
Schönheit zu schätzen wissen;
in anderen das Beste zu sehen;
die Welt, wenn man aus ihr scheidet,
ein wenig besser zurücklassen,
sei es durch ein gesundes Kind, einen Garten
oder durch die Behebung eines sozialen Mißstandes;
zu wissen, daß man mit seinem Leben
auch nur einem einzigen Menschen
das Atmen erleichtert hat –
das heißt, Erfolg zu haben.

(RALPH WALDO EMERSON)

Jedesmal, wenn ich
den tiefen Sinn der Welt
zu erfahren glaubte,
war es seine Einfachheit,
die mich packte.

(ALBERT CAMUS)

INTRO

Immer wieder, wenn ich den Blick durch meine Bibliothek schweifen lasse, fällt er auf die dicken Wälzer, die im obersten Regal stehen und zustauben. Es sind die Schmöker mit den »Geflügelten Worten«, die Lexika mit den Zitaten, die Sammlungen mit den Aphorismen. Nur selten klettere ich die kleine Bibliotheksleiter hinauf, um eines dieser voluminösen Bücher aus dem Regal zu ziehen. Es scheint, als sollten sie dort oben den Tod der Vergessenheit sterben. Ein Friedhof der vergessenen Bücher.

Und mit wie vielen Eintragungen sie werben! Zweitausend Zitate, fünftausend Sprüche, eines sogar mit zehntausend kleinen Texten. Von A wie Alexander dem Großen bis Z wie Emile Zola. Von Abenteuer bis Zynismus. Kein Großer dieser Welt, der hier nicht vertreten wäre. Kein guter, richtiger oder gar bedeutender Satz, der nicht aufgezeichnet und der Nachwelt überliefert worden wäre.

Doch wenn ich ehrlich bin – eine wahre Fundgrube sind diese Wälzer nicht. Nur selten finde ich dort einen Satz, der mir wirklich weiterhilft, der mich trifft wie ein Blitz, der mein Denken inspiriert und meine Gefühle wachruft. Nicht oft geschieht es, daß mir ein Zitat begegnet, das wie ein Kondensat meiner eigenen Lebenserfahrung wirkt, weil es mich ganz persönlich anspricht und mein Wesen zum Ausdruck bringt.

Und doch gibt es diese Sätze, wie ich in Gesprächen in meinem Freundeskreis immer wieder feststellte. Viele meiner Freunde, Verwandten und Bekannten haben ein Lebensmotto – einen Satz, in dem sich ihre eigene Lebenserfahrung kristallisiert, in dem sie ihre Hoffnungen, Leidenschaften und Träume ausgedrückt finden. Verlegene Blicke ernte ich oft, wenn ich nach diesen kostbaren »Lebenssätzen« frage – es ist etwas sehr Persönliches, ja manchmal Intimes. Und nicht jeder gibt diesen kleinen Schatz, den er für sich entdeckt hat, preis.

Das brachte mich auf die Idee, die dicken Wälzer und Folianten beiseite zu legen und mich auf die Suche nach den – sagen wir hundert – wichtigsten Sätzen der Welt zu machen. Ich stellte mir vor, ein Substrat schaffen zu können, ein Kompendium der

Gedanken und Einsichten, die wirklich von unerläßlicher Bedeutung für uns alle sind. Lebensgesetze sozusagen. Und so begann ich, Menschen, denen ich begegnete, und wann immer es sich ergab, nach »ihrem« Lebenssatz zu fragen. Mönche und Manager, Models und Marktfrauen, Studenten und Schornsteinfeger, Kindergärtnerinnen und Künstler, Hausfrauen und Handwerker. Einige bekannte Erkenntnisse wurden immer wieder genannt, philosophische Gedanken, die sozusagen zum Allgemeingut der Menschheit gehören – die Klassiker eben. Aber auch mir unbekannte Sätze, die immer wieder fielen und die mir von besonderer Bedeutung zu sein schienen.

Nach einigen Jahren hatte ich eine Sammlung von über zweitausend Aphorismen zusammengetragen. Der Versuchung, sie nun auch in ein dickes Buch zu packen und »Byron's Best« herauszubringen, widerstand ich glücklicherweise rasch. Ich machte mich an die mühsame, aber auch zutiefst befriedigende Arbeit, meiner ursprünglichen Idee zu folgen und die hundert »relevantesten« Sätze zusammenzustellen. Dabei ließ ich mich von der Quantität der Nennungen ebenso leiten wie von einem intuitiven Gefühl für Qualität. Denn etliche der Zitate ähnelten sich natürlich, wurden im Laufe der Jahrhunderte immer wieder ein wenig verändert. Hier galt es, sie sozusagen in ihrer »kristallinen Urform« zu rekonstruieren, so gut es möglich war.

Schließlich war ein kleines Heft gefüllt, mit genau 100 Sätzen. Ich vervielfältigte es und verteilte es in meinem Freundes- und Bekanntenkreis. Und machte eine verblüffende Erfahrung: Immer wieder wurde dieses Heft abgeschrieben, kopiert, weiterverschenkt, in Kursen und Seminaren verwendet. Die Sätze wurden an Kühlschränken befestigt und in Brieftaschen gesteckt; unzählige Menschen haben mir geschrieben, daß die *Goldenen Worte der Welt* – diesen Titel hatte ich auf das Heft geschrieben – ihnen geholfen hätten, ihr Leben besser zu verstehen, ja es von Grund auf zu ändern.

Tatsächlich scheinen mir aus heutiger Sicht die *Goldenen Worte der Welt* ein Vademecum für alle zu sein, die ihrem Leben eine neue Richtung geben wollen, die nach dem guten, dem richtigen Leben suchen. Eine kleine Fibel zur Bewußtseinserweiterung. Ein Katalysator für das innere Wachstum. Ein Geschenk, das man sich selbst machen kann.

Wir finden hier keine klugen, moralisch korrekten oder liebenswerten Gedanken, die die Seele streicheln und das Innere wärmen. Diese hundert Sätze sind vielmehr das Kondensat der Lebenserfahrung vieler Menschen. Sie zeigen: Das Leben funktioniert so und nicht anders. Sie mögen irritierend sein, diese Sätze, man mag sich sogar gegen sie wehren, wie man sich gegen unbequeme Einsichten wehrt. Doch glauben Sie mir: Gegen universelle Wahrheiten Sturm zu laufen, ist sinnlos. *Die Goldenen Worte der Welt* verändern die Sicht auf das Leben, mögen wir ihnen zustimmen oder nicht, mögen sie uns erfreuen oder nicht. Man kann sich mit diesen Sätzen auseinandersetzen, aber widerlegen kann man sie nicht. Doch man kann sie durch seine Seele ziehen lassen – und zusehen, was passiert.

»Das Leben ist ein mutiges Abenteuer – oder gar nichts«, hat Helen Keller geschrieben. Vielleicht braucht man wirklich nicht mehr als die *Goldenen Worte*, um das Rüstzeug für das größte Abenteuer überhaupt zur Verfügung zu haben – das Leben.

Die Lebensgesetze berühren das Herz. Sie verändern die Sicht auf das Leben. Sie lassen uns die fragwürdigen, die seltsamen Dinge, die in und mit uns geschehen, besser verstehen. Sie haben die Kraft, das gefrorene Meer der Seele zum Schmelzen zu bringen. Sie sind – so empfinde ich es und dafür lege ich Zeugnis ab – die Quintessenz unserer menschlichen Existenz. Und bringen Einsicht, Veränderung und Glück.

Die Tür zu einem zutiefst erfüllenden, wahren Leben liegt in jedem von uns. Ich wünsche Ihnen den Mut, durch diese Tür zu gehen. Sie halten den Schlüssel dazu in Ihrer Hand. Öffnen Sie das Buch ...

— JONATHAN BYRON

Und jedem Anfang
wohnt ein Zauber inne,
der uns beschützt und
der uns hilft zu leben.

(HERMANN HESSE)

Panta rhei.

Alles fließt.

(HERAKLIT)

ALLES

BEGINNT MIT DER

SEHNSUCHT.

(NELLY SACHS)

Unsere Sehnsüchte
sind unsere
Möglichkeiten.

(ROBERT BROWNING)

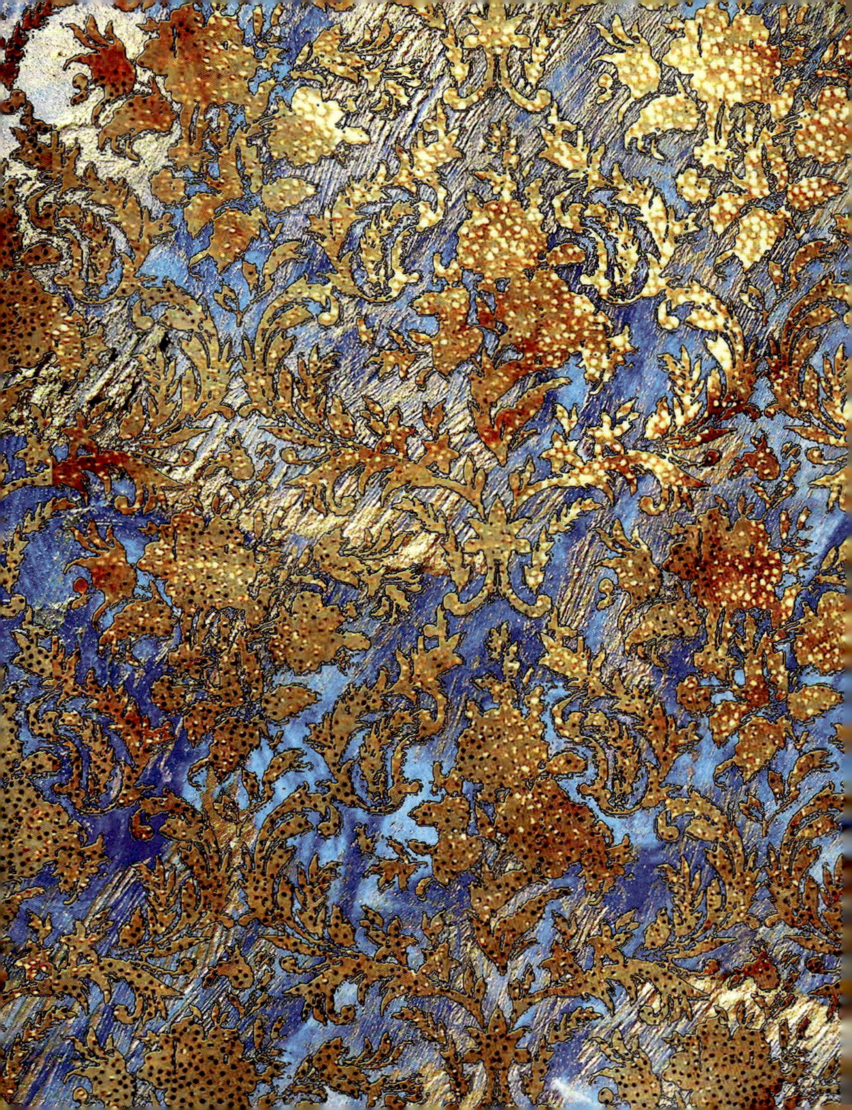

Cogito, ergo sum.
Ich denke, also bin ich.

(RENÉ DESCARTES)

Man muß viel lernen,
um zu erkennen,
daß man wenig weiß.

(MICHEL DE MONTAIGNE)

Erkenne dich selbst.

(LEITSPRUCH DES ORAKELS ZU DELPHI)

Das Staunen ist der Anfang der Erkenntnis.

(PLATON)

Habe Mut, dich deines eigenen Verstandes zu bedienen.

(IMMANUEL KANT)

Ich weiß nur eines:
daß ich nichts weiß.

(SOKRATES)

Sapere aude!

Wage es, zu wissen.

(HORAZ)

WENN MAN ZU
VERSTEHEN
GELERNT HAT,
FÜRCHTET MAN
NICHTS MEHR.

(MARIE CURIE)

PHANTASIE
IST WICHTIGER
ALS WISSEN.

(ALBERT EINSTEIN)

Ein Herz hat
seine Gründe,
die der Verstand
nicht kennt.

(BLAISE PASCAL)

*Hier ist mein Geheimnis.
Es ist ganz einfach. Man sieht
nur mit dem Herzen gut.
Das Wesentliche ist für die
Augen unsichtbar.*

(ANTOINE DE SAINT-EXUPÉRY)

Man kann das Leben nur rückwärts verstehen, aber man muß es vorwärts leben.

(SÖREN KIERKEGAARD)

Weder ich noch sonst jemand kann die Straße für dich bereisen. Du mußt sie selbst bereisen.

(WALT WHITMAN)

SEI DEINE
EIGENE
BOTSCHAFT.

(MAHATMA GANDHI)

CaRP

Carpe Diem.
Nutze den Tag.

(HORAZ)

DAS GOLD
DER GANZEN WELT
IST NICHT IMSTANDE,
AUCH NUR EINE
VERGANGENE MINUTE
ZURÜCKZUHOLEN.

(DOMENICO CAVALCA)

Wir verbringen so
viel Zeit mit Dingen,
die dringend sind,
daß keine mehr
übrig ist für Dinge,
die wichtig sind.

(HENRY WARD BEECHER)

Ich habe keine Zeit,
mich zu beeilen.

(IGOR STRAWINSKY)

*Es ist nicht wenig Zeit,
was wir haben,sondern es ist viel,
was wir nicht nützen.*

(SENECA)

Das Leben ist kurz,
und seine Zeit verlieren
ist eine Sünde.

(ALBERT CAMUS)

Die einzige Freude
im Leben ist das Anfangen.
Es ist schön zu leben,
weil Leben Anfang ist, immer,
in jedem Augenblick.

(CESARE PAVESE)

A B C

WANN, WENN NICHT JETZT?
WO, WENN NICHT HIER?
WER, WENN NICHT WIR?

(JOHN F. KENNEDY)

ES IST
NIE ZU SPÄT,
DAS ZU WERDEN,
WAS MAN HÄTTE
SEIN KÖNNEN.

(GEORGE ELIOT)

Du hast die
Fähigkeit zu allem.
Ja, du bist ein Wunder.

(PABLO CASALS)

Gehe einfache
Aufgaben so an,
als wären sie schwierig,
und schwierige,
als wären sie einfach.

(BALTASAR GRACIÁN)

at twelve you were wished a very happy New Year.
It was just between you and me and the same
storm. We hadn't fired much all day but just
before midnight we threw a lot out. It was
after we had finished firing that I took a little
and sent it
to you. I hope you get it alright. If they don't get me
any mail before long guess I will go nuts. Have

DIE WELT IST
EINE BRÜCKE.
GEHT DARÜBER,
ABER BAUT KEIN
HAUS AUF IHR.

(INSCHRIFT AM SIEGESTOR
»BULAND DARWAZA« IN
FATEHPUR SIKRI, INDIEN)

MAN DARF DAS
SCHIFF NICHT AN EINEN
EINZIGEN
ANKER
UND DAS LEBEN
NICHT AN EINE EINZIGE
HOFFNUNG BINDEN.

(EPIKTET)

Tief im Meer
liegen unermessliche
Schätze verborgen.
Sicherheit
findest du am Ufer.

(SCHEICH SAADI
VON SCHIRAS)

Es ist in dieser
Welt nicht so wichtig,
wo wir STEHEN,
sondern in welche
Richtung wir gehen.

(OLIVER WENDELL HOLMES)

Man muß das
Unmögliche versuchen,
um das MÖGLICHE
zu erreichen.

(HERMANN HESSE)

Man kann nicht leben,
OHNE sich in
Gefahren zu begeben.

(GEORGE BERNARD SHAW)

Nichts ist unmöglich für den,
der es versucht.

(ALEXANDER DER GROSSE)

Wer Großes vollbringen will,
muß leben, als ob er
niemals sterben würde.

(LUC DE CLAPIERS, MARQUIS
DE VAUVENARGUES)

Wer kämpft, kann verlieren.
Wer nicht kämpft,
hat schon verloren.

(BERTOLT BRECHT)

Geben Sie sich niemals
geschlagen. Niemals. Niemals.
Niemals. Niemals.

(WINSTON CHURCHILL)

ICH BIN ZU
SCHWACH,
UM MICH
BEUGEN ZU
KÖNNEN.

(CHARLES DE GAULLE)

Jeder Mensch
hat das Recht,
sein Leben
aufs Spiel zu
setzen, um es
zu retten.

(JEAN-JACQUES ROUSSEAU)

Eine mächtige
Flamme entsteht
aus einem
winzigen Funken.

(DANTE ALIGHIERI)

dreams

ICH HABE EINEN TRAUM.

(MARTIN LUTHER KING)

Ein Mensch,
der an eine Sache glaubt,
wiegt die Kraft
von neunundneunzig auf,
die nur ein Interesse
an ihr haben.

(JOHN STUART MILL)

Nichts auf der
Welt ist so stark wie
eine Idee, deren Zeit
gekommen ist.

(VICTOR HUGO)

believe

n.
m.
f.v
l.
n.
s.z
gn.
ill.
ch.j
k.qu. x.
believe in your dreams

Keine große Tat
wurde je ohne
ENTHUSIASMUS
vollbracht.

(RALPH WALDO EMERSON)

Nur wer sich
VERSCHWENDET,
wird reich.

(SARAH BERNHARDT)

DAS EINZIGE,
WAS WIR FÜRCHTEN MÜSSEN,
IST DIE FURCHT SELBST.

(FRANKLIN DELANO ROOSEVELT)

WAS WÄRE DAS LEBEN,
WENN WIR NICHT
DEN MUT HÄTTEN,
EINFACH ALLES ZU
VERSUCHEN.

(VINCENT VAN GOGH)

Du mußt
dein Leben
ändern.

(RAINER MARIA RILKE)

Wenn du
die Absicht hast,
dich zu erneuern,
tu es JEDEN TAG.

(KONFUZIUS)

ENTTÄUSCHUNGEN
SOLLTE MAN
VERBRENNEN,
NICHT
EINBALSAMIEREN.

(MARK TWAIN)

Die Erinnerung
ist das einzige Paradies,
aus welchem wir nicht
vertrieben werden können.

(JEAN PAUL)

*Man braucht sehr lange,
um jung zu werden.*

(PABLO PICASSO)

Das Leben läßt sich
nicht drängen.

(SPRICHWORT
DER MASSAI)

Die Sonne geht auch
ohne deine Hilfe unter.

(TALMUD)

Wenn man Ruhe nicht in sich selbst findet,
ist es vergeblich, sie anderswo zu suchen.

(FRANÇOIS DE LA ROCHEFOUCAULD)

Wir haben verlernt, die Augen
auf etwas ruhen zu lassen.

(JEAN GIONO)

Schweigen ist das Element,
in dem sich große Dinge gestalten.

(THOMAS CARLYLE)

In der vollkommenen Stille hört man die ganze Welt.

(KURT TUCHOLSKY)

Die Mitte der
Nacht ist
der Anfang eines
neuen Tages.

(PAPST JOHANNES PAUL II.)

ES GIBT KEINEN WEG

ZUM GLÜCK.

GLÜCKLICHSEIN

IST DER WEG.

(GAUTAMA BUDDHA)

Der Kampf gegen Gipfel
vermag ein Menschenherz auszufüllen.
Wir müssen uns Sisyphos als
einen glücklichen Menschen vorstellen.

(ALBERT CAMUS)

VERGESST NICHT – MAN
BENÖTIGT NUR WENIG,
UM EIN GLÜCKLICHES LEBEN
ZU FÜHREN.

(MARC AUREL)

Das Geheimnis des Glücks
liegt nicht im Besitz,
sondern im Geben. Wer
andere glücklich macht, wird
glücklich.

(ANDRÉ GIDE)

la luz de aquellas flores, y

Das Glück ist das
einzige, das sich verdoppelt,
wenn man es teilt.

(ALBERT SCHWEITZER)

*Das Glück besteht darin,
zu leben wie alle Welt und doch
wie kein anderer zu sein.*

(SIMONE DE BEAUVOIR)

Das Glück schlägt sich auf
die Seite der Wagemutigen.

(VERGIL)

GLÜCKLICH IST,
WER DAS, WAS ER LIEBT,
AUCH WAGT, MIT MUT ZU
BESCHÜTZEN.

(OVID)

Laß nicht zu,
daß du jemandem begegnest,
der nicht nach der Begegnung
mit dir glücklicher ist.

(MUTTER TERESA)

Ich werde am Du;
Ich werdend spreche ich Du.
Alles wirkliche Leben ist
Begegnung.

(MARTIN BUBER)

SUCCESSORS TO EMERY.
DUPLICATES
AT ANY TIME
Moderato

Wenn jeder Mensch
nur *einen* anderen
Menschen glücklich
machen würde,
wäre die ganze Welt
glücklich.

(UNBEKANNT)

Omnia vincit amor.

Die Liebe besiegt alles.

(VERGIL)

Einen Menschen zu
lieben heißt, ihn so zu sehen,
wie Gott ihn gemeint hat.

(FJODOR M. DOSTOJEWSKIJ)

Man kann nicht
für sich allein bleiben.
Das ist der Tod.

(LEO TOLSTOI)

Wo ich dein bin,
bin ich erst ganz mein.

(MICHELANGELO BUONAROTTI)

Magst du zweifeln,
daß die Sterne glühen,
magst du zweifeln,
daß die Sonne sich bewegt,
magst die Wahrheit du
für Lüge halten,
zweifle aber **niemals**
an der Liebe.

(WILLIAM SHAKESPEARE)

and Oriental
Quarter
Youthful
Vernal
Estival
Feminine
Quarter
Occidental
Melancholick
Autumnal
Sanguine
Oriental

Die Dinge
sind schön,
wenn man
sie liebt.

(JEAN ANOUILH)

Es gibt
dreierlei Dinge:
Glauben.
Hoffnung und
Liebe.
Aber die Liebe
ist die größte
unter ihnen.

(PAULUS, ERSTER BRIEF AN
DIE KORINTHER 13, VERS 13)

WEICH IST STÄRKER ALS HART,
WASSER STÄRKER ALS FELS,
LIEBE STÄRKER ALS GEWALT.

(HERMANN HESSE)

EINE WELT OHNE
FREUDE UND LIEBE IST
EINE WERTLOSE WELT.

(BERTRAND RUSSELL)

Gibt es eine bessere Art,
mit dem Leben fertig zu werden,
als mit Liebe und Humor?

(CHARLES DICKENS)

Nur zu leben ist nicht genug.
Man braucht Sonnenschein, Freiheit
und eine kleine Blume.

(HANS CHRISTIAN ANDERSEN)

In Freiheit mit Blumen, Büchern
und dem Mond – wer könnte
da nicht glücklich sein?

(OSCAR WILDE)

Es gibt überall
Blumen für den,
der sie sehen will.

(HENRI MATISSE)

Feiere fröhlich den Tag.
Sei nicht traurig im Leben.
Sieh, niemand nimmt
mit, was er besitzt,
und niemand kehrt zurück,
der dahingeschieden ist.

(AUS DEM ANTIKEN ÄGYPTEN)

Nichts ist *zu schwer*
für den, der liebt.

(MARCUS TULLIUS CICERO)

Wenn du geliebt werden willst,
liebe und sei *liebenswert*.

(BENJAMIN FRANKLIN)

Nichts ist so *bezaubernd*
wie ein weiches Herz.

(JANE AUSTEN)

Freundschaft
ist eine Seele in
zwei Körpern.

(ARISTOTELES)

Es muß von
Herzen kommen,
was auf Herzen
wirken soll.

(JOHANN WOLFGANG
VON GOETHE)

All you need
is love.

(THE BEATLES)

Doch alle Lust
will Ewigkeit –
will tiefe, tiefe
Ewigkeit.

(FRIEDRICH NIETZSCHE)

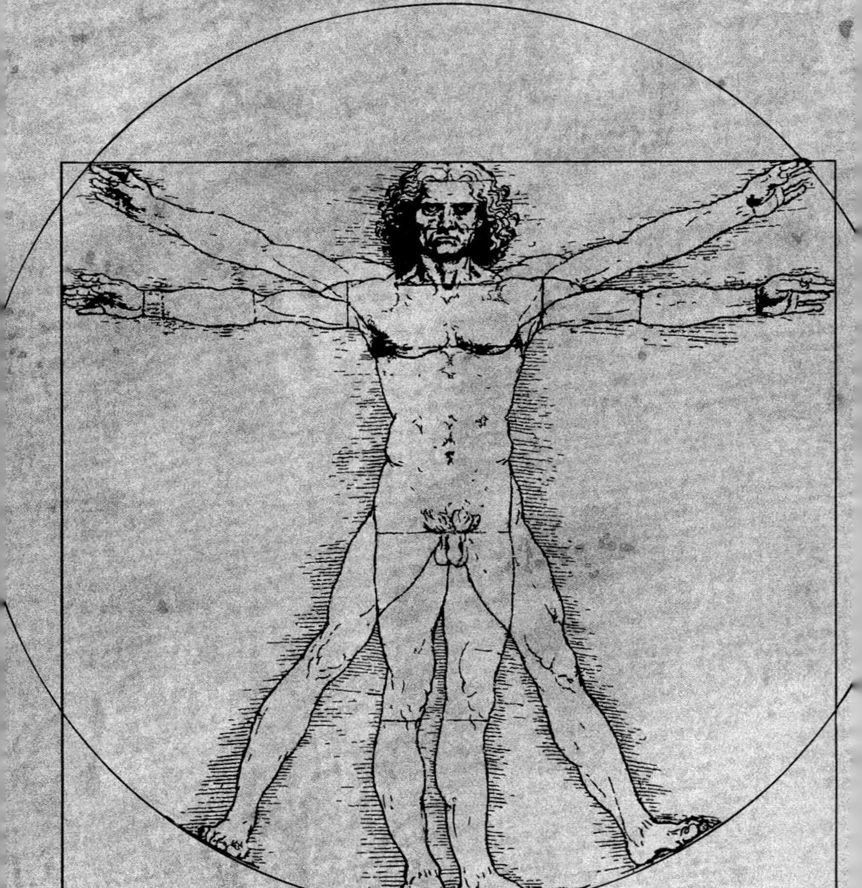

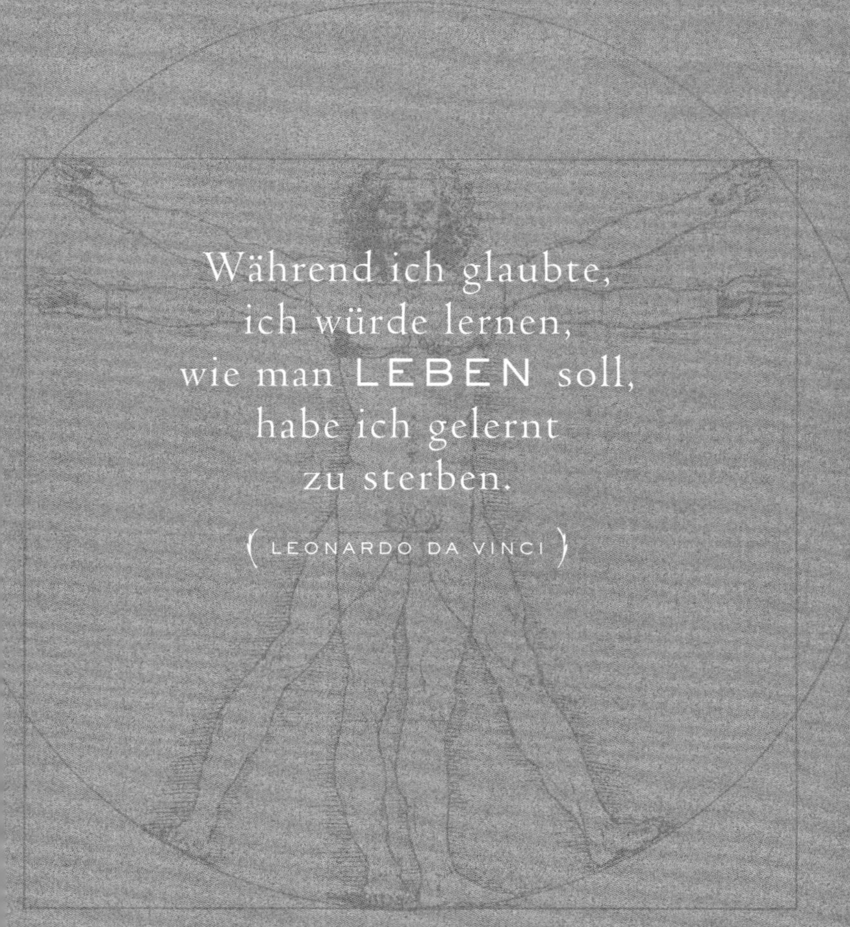

Während ich glaubte,
ich würde lernen,
wie man LEBEN soll,
habe ich gelernt
zu sterben.

(LEONARDO DA VINCI)

Das Leben ist eine
einzige große Überraschung.
Ich wüßte nicht, warum
der Tod nicht eine noch
größere sein sollte.

(VLADIMIR NABOKOV)

Ich kann in drei Worten alles
zusammenfassen, was ich
über das Leben gelernt habe:
Es geht weiter.

(ROBERT FROST)

ICH BIN DER WEG,
DIE WAHRHEIT
UND DAS LEBEN.
WER DURCH MICH LEBT,
WIRD FÜR IMMER LEBEN.

(JESUS CHRISTUS)

MEIN LEBEN WAR VOLL
VON UNGLÜCK,
UND DAS MEISTE DAVON
IST NIE PASSIERT.

(MICHEL DE MONTAIGNE)

In der Mitte
des Winters entdeckte ich,
daß in mir ein
UNBESIEGBARER
Sommer war.

(ALBERT CAMUS)

JE WENIGER
DINGE MAN AUF ERDEN
WICHTIG NIMMT,
DESTO NÄHER KOMMT MAN
DEN WIRKLICH
WICHTIGEN
DINGEN.

(FEDERICO GARCÍA LORCA)

Solange ich atme,
hoffe ich.

(MARCUS TULLIUS CICERO)

Bildnachweis:

Dreamstime: 2, 4, 24, 30, 46/47, 48, 50, 56, 60, 62/63, 74, 78, 80, 98, 102, 107, 110, 114, 122/123, 124, 126, 130/131.
Shutterstock: 3, 35, 36, 76/77, 84/85, 88, 91, 116, 118, 133, 134.
123RF: 16, 18, 20, 22, 28, 32, 38, 40, 43/44, 52, 54/55, 58, 87, 97, 104, 108, 120, 129, 136/137, 142/143.
Fotolia: S. 26, 82, 139. iStockphoto: 64, 67, 68, 72, 93, 101.
The World of Ornament, Taschen GmbH: 71, 94, 112, 140.

ISBN 978-3-85179-138-9

Bildredaktion: Johannes Thiele, München
Umschlaggestaltung: Andrea Barth, Guter Punkt, München
Innengestaltung und Layout: Christina Krutz Design, Riedstadt
Druck und Bindung: Grasl Druck und Neue Medien, Bad Vöslau
www.thiele-verlag.com